DON BOSCO

Andrea Erkert

Die 50 besten Spiele für Umweltschutz und Nachhaltigkeit

für 4- bis 10-Jährige

DON BOSCO

MiniSpielothek

Gerne nehmen wir Ihre Anregungen,
Wünsche, Kritik oder Fragen entgegen:
Don Bosco Medien GmbH, Sieboldstraße 11, D-81669 München
anregungen@donbosco-medien.de
Servicetelefon: +49 (0) 89 48008-341

Bibliografische Information der Deutschen Nationalbibliothek

Die Deutsche Nationalbibliothek verzeichnet diese Publikation in der Deutschen Nationalbibliografie; detaillierte bibliografische Daten sind im Internet über http://dnb.d-nb.de abrufbar.

klimaneutral
gedruckt
www.klima-druck.de
ID-Nr. 22121835
bvdm.

1. Auflage 2023 / ISBN 978-3-7698-2555-8

www.donbosco-medien.de
Umschlag: Manfred Lehner, Blue Cat Design
Illustration Cover: by-studio/stock.adobe.com
Layout: Alexandra Paulus
Lektorat: UNGER-KUNZ. Lektorat und Redaktionsbüro
Satz: Don Bosco Medien GmbH, München
Druck: Don Bosco Druck & Design, Ursensollen

Gedruckt auf umweltfreundlichem Papier

Inhalt

Wir haben die Erde nicht von unseren Eltern geerbt, sondern von unseren Kindern geliehen.

Indianische Weisheit

Vorwort

Unser Denken und Handeln in Sachen Umweltschutz und Nachhaltigkeit bestimmt, wie die nachfolgenden Generationen leben werden. Kinder im Alter von 4 bis 10 Jahren orientieren sich am Verhalten ihrer Bezugspersonen und sollten daher im Idealfall „von Haus aus“ klug mit unseren natürlichen Ressourcen umgehen lernen. Das geschieht am besten, wenn sie von klein auf eine Bindung zur Natur und ihren Schätzen entwickeln sowie auf spielerische Weise erfahren, wie sie ihren CO2-Fußabdruck minimieren können. Indem die Kinder z. B. lernen, Abfall zu vermeiden, Energie einzusparen und Einkäufe von Lebensmitteln und anderen Konsumgütern auch im Hinblick auf die dahinterstehenden Lieferketten zu überdenken, werden sie auf viele tolle, nachhaltige Alternativen für den Alltag stoßen, die ihr Leben bereichern. Auf diese Weise werden sie Nachhaltigkeit als eine selbstverständliche Haltung verstehen, sodass sie ohne viel Zutun einen wichtigen Beitrag zum Natur-, Umwelt- und Klimaschutz leisten können.
Wie Kinder nun ganz konkret etwas für die Umwelt tun und dabei die große Chance des nachhaltigen Denkens und Handelns nutzen können, wird in dem vorliegenden Büchlein anhand der 50 besten Spiel-

ideen zu diesem Thema gezeigt. Möglichst nah an der kindlichen Lebenswelt werden verschiedene Bereiche, wie z. B. Energie, Mülltrennung, Konsumverhalten, Ernährung und Mobilität, aufgegriffen und dabei auf spielerische Weise relevante Erfahrungen für mehr Nachhaltigkeit im Alltag gemacht.
Ziel ist es, dass die Kinder von klein auf ohne erhobenen Zeigefinger umwelt- und klimafreundlich denken und handeln lernen, um so den Klimawandel zu begrenzen und unsere Ressourcen zu schonen.

Spiele für kleine Energie-sparfüchse

Körper verbraucht Energie

Die Kinder bilden einen Kreis und gehen im Takt der Trommel auf der Stelle. Die Spielleitung trommelt dabei immer schneller und die Kinder passen ihr Bewegungstempo entsprechend an. Kurz darauf hört das Trommeln auf und alle bleiben stehen. Die Spielleitung sagt den Kindern nun, dass jeder Mensch Energie benötigt, damit der Körper funktioniert und wir uns bewegen können. Diese Energie liefern die in Lebensmitteln enthaltenen Nährstoffe (u. a. Kohlenhydrate, Fette und Proteine).
Dann erklärt sie, dass ohne Strom keine elektrischen Geräte funktionieren und dass auch für die Stromerzeugung Energiequellen benötigt werden. Sie möchte von den Kindern wissen, wie die fünf erneuerbaren Energiequellen heißen, die wir jetzt und in Zukunft nutzen sollten (Sonnen- und Windenergie, Wasserkraft, Erdwärme, nachwachsende Rohstoffe (Biomasse)). Wissen die Kinder darüber noch nicht Bescheid, kann die Spielleitung diese Energiequellen der Reihe nach beschreiben oder die Kinder dazu reimen lassen, indem sie z. B. sagt:

Was reimt sich auf Bioklasse?
(Antwort: Biomasse)

Was verbraucht Strom?

Zu Beginn halten die Kinder nach Geräten Ausschau, die Strom verbrauchen (z. B. Geschirrspülmaschine, Kühl- und Gefriergerät, Mixer, Abspielgerät, Computer etc.). Dann bilden sie einen Stuhlkreis. Die Spielleitung holt eine LED-Birne, die sie einem der Kinder in die Hand gibt. Die Kinder geben nun die LED-Birne im Uhrzeigersinn von Hand zu Hand weiter. Dabei darf immer dasjenige Kind, bei dem die LED-Birne gerade angekommen ist, einen Gegenstand nennen, der zum Funktionieren Strom braucht. Spielerisch wird ihnen so bewusst gemacht, wie viele Geräte mit Strom betrieben werden. Danach erklärt die Spielleitung den Kindern, was es mit der LED-Birne auf sich hat, die viel weniger Energie verbraucht und eine längere Lebensdauer hat als eine klassische Glühbirne.

Material

LED-Birne

Elektrogeräte

Die Kinder sitzen zusammen im Kreis. Die Spielleitung geht in die Kreismitte und sagt den folgenden Spruch:

Du hast kein elektrisches Licht im Haus?
Wie sähe das wohl bei dir zu Hause aus?
Kannst du ein Elektrogerät benennen,
das wir alle brauchen und kennen?

Bei jeder Silbe deutet sie gegen den Uhrzeigersinn und reihum auf die Kinder. Dasjenige Kind, auf das sie als Letztes zeigt, darf ein Strom verbrauchendes Gerät benennen (z. B. Fernseher, Laptop, Mikrowelle, Geschirrspüler, Kühlschrank, Toaster, Waschmaschine, Wäschetrockner etc.), bevor die anderen auf dieselbe Weise ebenfalls zu Wort kommen.

Gute Energieträger erkennen

Die Spielleitung möchte von den Kindern, die im Kreis stehen, wissen, welche Arten von erneuerbaren, nachhaltigen Energiequellen es gibt (Sonnen- oder Solarenergie, Windenergie, Wasserkraft, Biomasse, Erdwärme). Wissen die Kinder auch, worin die Vorteile von Energie aus nachhaltigen Quellen bestehen? Falls nicht, erklärt die Spielleitung ihnen, dass sie sich – anders als die fossilen Energieträger, zu denen Kohle, Erdöl und Erdgas zählen – nicht verbrauchen und natürlich auch gut fürs Klima sind. Um dieses Wissen nun zu vertiefen, kann die Spielleitung verschiedene Energieträger benennen. Je nachdem, ob es sich dabei um einen erneuerbaren oder einen fossilen Energieträger handelt, gehen die Kinder dabei entweder auf der Stelle oder bleiben einfach stehen. So machen sie deutlich, dass den erneuerbaren Energieträgern die Zukunft gehört.

Fünf Energieexperten

Die Kinder sitzen im Kreis, machen eine Faust und führen das folgende Fingerspiel durch:

Der Erste sagt: „Warum sollte unsere Geschirrspülmaschine immer voll sein?“
(den Daumen wieder ausstrecken)
Der Zweite sagt: „Da fällt mir sofort der Strom- und Wasserverbrauch ein!“
(zusätzlich den Zeigefinger wieder ausstrecken)
Der Dritte sagt: „Ist die Maschine stets gut gefüllt, kostet das weniger Geld.“
(zusätzlich den Mittelfinger wieder ausstrecken)
Der Vierte sagt: „Strom- und Wassersparen, das ist gut für unsere Umwelt.“
(zusätzlich den Ringfinger wieder ausstrecken)
Der Fünfte sagt: „Darum lasst uns immer auch ans Energiesparen denken und unser Blick in Richtung weniger Verbrauch lenken.“
(schließlich auch den kleinen Finger wieder ausstrecken)

Im Anschluss daran können die Kinder sagen, was sie noch tun können, um Energie zu sparen (z. B. den

Heizkörper bei offenem Fester abdrehen, die Kühlschranktüre nicht zu lange offen lassen, das Licht nicht unnötig brennen lassen etc.).

Duschen statt baden

Die Kinder sitzen zusammen am Tisch und heben den Daumen, sobald die Spielleitung eine für die Umwelt positive Verhaltensweise nennt (z.B. duschen statt baden, einen Pullover anziehen anstatt die Heizung (zu stark) aufzudrehen, das Licht ausschalten anstatt es unnötig anzulassen, defekte Dinge reparieren anstatt sie neu zu kaufen, den Fernseher ganz ausschalten anstatt ihn auf Stand-by-Betrieb zu lassen usw.). Sobald die Spielleitung jedoch eine für die Umwelt schlechte Verhaltensweise nennt (z.B. die Heizung (voll) aufdrehen anstatt einen Pullover anzuziehen), lassen die Kinder ihren Daumen nach unten zeigen. Diejenigen, die nicht richtig reagiert haben, geben ein Pfand ab, z.B. einen Schuh oder ein Halstuch. Diese Sachen dürfen sie später wieder einlösen, indem sie eine nachhaltige Handlungsweise nennen (z.B. einen Einkaufskorb statt einer Papiertüte nehmen, zu Fuß gehen statt Elterntaxi etc.).

Treibhauseffekt

Die Kinder sitzen zusammen am Tisch und die Spielleitung zeigt ihnen ein Bild von einem Gewächshaus. Danach überlegen die Kinder, weshalb im Gewächshaus auch in der kalten Jahreszeit Gemüse, Obst und Blumen wachsen. Wissen sie, dass es deshalb im Gewächshaus warm wird, weil durch das Glas die Sonne zwar hineinscheinen, die langwellige Wärmestrahlung aber nicht mehr entweichen kann, dann erhalten sie von der Spielleitung Instrumente und führen das folgende Klangspiel durch:

So ähnlich wie bei einem Gewächshaus aus Glas durchdringen die Sonnenstrahlen die Lufthülle, die unsere Erde umgibt, und bewirken, dass es auf unserer Erde warm ist.

(alle Instrumente außer der Trommel erklingen lassen)

Man nennt diese Lufthülle auch Atmosphäre. Die Atmosphäre sorgt dafür, dass die Wärme nicht wieder ganz ins Weltall entweicht. Sonst wäre es viel zu kalt und kein Leben auf der Erde möglich.

(alle Instrumente außer der Trommel erklingen lassen)

Durch das Verbrennen von Öl, Gas und Kohle, den Straßen-, Schiffs- und Flugverkehr sowie die Massentierhaltung entstehen Treibhausgase, die die Zusammensetzung der Atmosphäre ändern. Sie lässt jetzt zu wenig Wärme wieder ins Weltall entweichen. Wie in einem Treibhaus wird es daher bei uns auf der Erde immer wärmer.

(Trommelwirbel)

Für diese zusätzliche Erwärmung ist also der Mensch verantwortlich. Somit müssen wir jetzt umdenken und etwas dafür tun, dass die globale Erwärmung eingedämmt wird.

(ein Mal kräftig trommeln)

Material

Bild von einem Gewächshaus, eine Handtrommel, für die restlichen Kinder je eine Triangel, Klangschale o.Ä.

Drei erneuerbare Energien

Die Spielleitung bemalt für jedes Kind drei Kärtchen mit jeweils einem Symbol für eine nachhaltige Energieform, z. B. einer Sonne für die Sonnenenergie, einem Windpfeil für die Windenergie und Wasserwellen für die Wasserkraft. Dann setzen sich alle an einen Tisch, auf dem die Spielleitung die Kärtchen verdeckt platziert. Sie erklärt den Kindern, dass Treibhausgase die Hauptursache für die Klimaveränderung sind und wir deshalb auf erneuerbare Energiequellen (wie z. B. Sonnen- und Windenergie oder Wasserkraft) umsteigen müssen.
Ein Kind beginnt, dreht eines der Kärtchen um und legt es offen vor sich auf den Tisch. Danach deckt das Kind links neben ihm ein weiteres Kärtchen auf, legt es vor sich hin usw. Sobald jedoch ein Kind ein Symbol aufdeckt, das es bereits offen vor sich liegen hat, dreht es das Kärtchen wieder um und die bzw. der Nächste ist an der Reihe. Das Spiel ist aus, sobald ein Kind alle drei Kärtchen-Varianten vor sich liegen hat.

Material

pro Kind je drei vorbereitete bemalte Kärtchen

Ich produziere Ökostrom

Die Spielleitung erzählt den Kindern, dass nachhaltiger Strom u. a. durch Sonnen- und Windenergie, Wasserkraft oder Erdwärme gewonnen werden kann. Diese Energiequellen sind in unendlichen Mengen verfügbar. Hingegen sind die fossilen Brennstoffe Erdgas, Erdöl, Stein- und Braunkohle nicht in unbegrenztem Maß vorhanden. Sie werden außerdem bei der Stromerzeugung in den Kraftwerken verbrannt, wobei viel umweltschädliches CO_2 freigesetzt wird, was die Erderwärmung beschleunigt. Dann zeigt die Spielleitung den Kindern, wie sie selbst ein Ökostrom-Kraftwerk spielen können:

- Fotovoltaik- bzw. Solaranlage: mit den Armen ein Hausdach über dem Kopf bilden
- Windkraftanlage: die Arme abwechselnd nach vorne kreisen lassen
- Wasserkraftwerk: mit den Armen pantomimisch im Wasser kraulen
- Geothermie- bzw. Erdwärmekraftwerk: auf dem Boden sitzen und mit den Füßen aufstampfen

Haben die Kinder die verschiedenen „Kraftwerke" eingeübt, dann bewegen sich alle kreuz und quer durch den Raum. Sobald jedoch die Spielleitung ein Mal trommelt und entweder „Sonne!“, „Wind!“, „Wasser!“ oder „Erdwärme!“ ruft, bleiben alle stehen und spielen das dazu passende Kraftwerk. Wer am schnellsten richtig reagiert, darf in der nächsten Runde die Rolle der Spielleitung übernehmen.

Material

Handtrommel

Energie sparen

Die Kinder bilden zwei Gruppen, die sich zusammen in den Stuhlkreis setzen. Jeweils ein Kind aus jeder Gruppe steht auf. Die Spielleitung stellt den beiden Gruppen nun Fragen rund um das Energiesparen, also z. B.:

- Was verbraucht mehr Energie? Ein Laptop oder eine Heizung?
- Wann wird besonders viel Energie verbraucht? Im Sommer oder im Winter?
- Was benötigt keinen Strom aus der Steckdose? Ein Fernsehgerät oder eine Taschenlampe mit Solarzellen?
- Wie kann man Wasser sparen? Den tropfenden Wasserhahn zudrehen oder offen lassen?
- Wie nennt man den Effekt, der unser Klima bedroht? Wärmeeffekt oder Treibhauseffekt?

Sobald eine Gruppe besonders schnell die richtige Antwort weiß, darf das stehende Kind aus dieser Gruppe um einen Platz nach links im Kreis herum weitergehen. Sollte niemand die richtige Antwort wissen, dann nennt die Spielleitung die Lösung und wiederholt die Frage zu einem späteren Zeitpunkt.

Auf diese Weise geht es immer weiter, bis eines der beiden stehenden Kinder sich wieder auf seiner Ausgangsposition befindet und seine Gruppe damit das Spiel gewonnen hat.

Spiele zum richtigen Umgang mit Abfall

Mülltrennung ist nicht schwer

Die Spielleitung holt sich als Symbol für die verschiedenen Mülltonnen jeweils ein gelbes, braunes, blaues und schwarzes Tonpapier, die sie in einer Reihe mit genügend Abstand zueinander an einer Wand befestigt (Hinweis: in manchen Kommunen ist die Biotonne nicht braun, sondern grün, die Papiertonne nicht blau, sondern grün oder die Restmülltonne nicht schwarz, sondern grau; dann die Farben entsprechend den lokalen Gegebenheiten anpassen). Zu Beginn laufen alle Kinder kreuz und quer durch den Raum. Sobald die Spielleitung ein Mal kräftig trommelt, bleiben alle sofort stehen. Danach sagt die Spielleitung z. B.:

Ich habe ein großes Stück Pappe in der Hand.
Stellt euch zu der richtigen Tonne vor die Wand!

Die Aufgabe der Kinder besteht nun darin, sich vor die für die genannte Abfallsorte richtige „Mülltonne“ zu stellen. Erst wenn alle richtig stehen, laufen sie wieder so lange durch den Raum, bis die Spielleitung erneut ein Mal trommelt und mithilfe des oben genannten Spruchs etwas Neues zum Entsorgen nennt. Beispiele für die richtige Mülltrennung:

- Gelbe Tonne: leere Konservendosen, Plastikverpackungen, leere Tuben, Folien ...
- Braune (oder grüne) Tonne: Gartenabfälle, Lebensmittelreste, Kaffee-Pads, Kaffeefilter, Teebeutel ...
- Blaue (oder grüne) Tonne: Verpackungen aus Papier, Kartonagen, Zeitungen, Schreibpapier ...
- Schwarze (oder graue) Tonne: Windeln, Taschentücher, Lederreste, Lumpen, Scherben, Spielzeug, Trinkgläser ...

Material

Handtrommel, gelbes, braunes (oder grünes), blaues (oder grünes) und schwarzes (oder graues) Tonpapier

Ich weiß Bescheid

Die Kinder sitzen zusammen am Tisch. Die Spielleitung teilt ihnen mit, dass sie den Müll richtig trennen möchte. Die Aufgabe der Kinder besteht nun darin, aufzupassen und zu entscheiden, ob sie alles richtig macht. Dabei kann die Spielleitung z. B. behaupten, dass Papier in die gelbe Tonne gehört. Wer nicht ihre Meinung teilt, ruft ganz laut „Stopp!". Danach löst die Spielleitung das Rätsel auf und erklärt, weshalb das Papier nicht in die gelbe, sondern in die blaue (oder, je nach Kommune, grüne) Tonne gehört. Diejenigen Kinder, die die richtige Antwort geben konnten, erhalten jeweils eine Murmel. Wenn die Spielleitung dagegen ein richtiges Beispiel für Mülltrennung nennt, erhalten diejenigen Kinder, die in diesem Fall „Yes!" rufen und den Daumen hochhalten, von ihr eine Murmel. Siegerin oder Sieger ist, wer am Ende die meisten Murmeln vor sich liegen hat.

Material

Murmeln

Wozu Mülltrennung?

Die Kinder sitzen zusammen im Kreis und führen das folgende Fingerspiel durch:

Den Müll falsch zu trennen, erzeugt bei uns eine innere Wut.
Denn eine korrekte Mülltrennung ist für die Umwelt sehr gut.

(auf sich selbst deuten, dann den Daumen hochhalten)

Es ist umweltfreundlich, kostensparend und noch viel mehr.
Recycling und Upcycling gefällt uns allen wirklich sehr.

(mit der linken Hand eine Faust bilden und dann, ausgehend vom Daumen, die Finger der Reihe nach wieder ausstrecken)

Glas, Papier, Karton, Metalle, Kunststoffe und vieles mehr
können auch aufbereitet werden und das gefällt uns sehr!

(mit der rechten Hand eine Faust bilden und dann, ausgehend vom Daumen, die Finger der Reihe nach wieder ausstrecken)

Eine korrekte Mülltrennung bringt allen ganz viel Freude
und wir können vieles wiederverwenden, liebe Leute.
(den Daumen hochhalten)

Wir entsorgen alles richtig

Die Kinder bilden nach dem gemeinsamen Frühstück einen Kreis und besprechen, was von den Frühstücksresten in den Papierkorb, den Restmüll- oder den Bioeimer gehört. Darüber hinaus schauen sie nach, ob etwas vom Tisch auf den Boden gefallen ist, das in den Müll gehört. Dann gehts mit dem Müllentsorgen los! Am Ende kontrollieren alle gemeinsam den Papierkorb, den Restmüll- und den Bioeimer. Wurden die Sachen richtig sortiert, dürfen alle Kinder vor Freude applaudieren. Ansonsten üben sie das Ganze nach der nächsten gemeinsamen Mahlzeit einfach noch einmal.
Ziel ist es, dass die Kinder auf verspielte Weise ihren Müll im Gruppenraum richtig trennen und dabei ohne viel Zutun auch ihren Esstisch aufräumen.

Mülltrenn-Karten

Die Spielleitung bemalt für jedes Kind vier Karten mit jeweils einem Punkt in Gelb, Blau (oder Grün), Braun (oder Grün) und Schwarz (oder Grau) – also in den Farben der unterschiedlichen Mülltonen in der jeweiligen Kommune. Dann setzen sich die Kinder um einen Tisch, auf dem die Spielleitung die Karten verdeckt verteilt hat. Ein Kind beginnt und deckt eine Karte auf. Je nachdem, welcher Farbpunkt auf der Karte abgebildet ist, darf es einen Gegenstand nennen, der in die Tonne mit dieser Farbe kommt. Konnte das Kind die richtige Antwort geben, behält es die Karte. Ansonsten legt es sie wieder verdeckt zurück auf den Tisch. Dann ist das Kind links neben ihm an der Reihe. Auf diese Weise gehts immer weiter, bis alle Karten verteilt wurden. Dasjenige Kind, das die meisten Karten ergattern konnte, gewinnt das Spiel.

Material

pro Kind je vier vorbereitete bemalte Karten

Natur ohne Müll

Die Kinder sitzen zusammen im Stuhlkreis. Während die Spielleitung den folgenden Text vorliest, führen die Kinder die dazu genannten Aktionen aus:

Müll in der Natur ist nicht schön und kann viele Folgen haben.
Tiere können sich in Müllteilen verheddern, lasst euch das sagen!
(auf den Boden trampeln)
Vor allem Plastik ist ein großes Problem auf dem Land und im Meer.
Denn die Tiere fressen es und ihr Leiden erschüttert mich sehr!
(auf die Oberschenkel patschen)
Plastik, Blech, Aluminium findet man überall auf der Welt.
Müll im Wald abzuladen ist strafbar und kostet viel Geld.
(den Daumen am Zeige- und Mittelfinger reiben (Geste für Geld))
Darum nehmt euren Abfall wieder mit nach Haus,
so schaut unsere Welt gleich viel schöner aus!
(vor Freude in die Hände klatschen)

Müll vermeiden

Die Kinder sitzen im Kreis und überlegen, wie man Müll vermeiden kann. Danach tauschen sie sich dazu untereinander aus. Die Spielleitung übergibt nun einem der Kinder ein beidseitig bemaltes Blatt Papier. Das betreffende Kind nennt jetzt ein Beispiel für Müll vermeidendes Handeln (z. B. kaputte Dinge nach Möglichkeit reparieren, Pflegeprodukte vollständig aufbrauchen, Einkaufstaschen aus Stoff verwenden oder die Vorder- und Rückseite eines Malpapiers benutzen). Danach reicht es das Malpapier nach links im Kreis weiter. Das Spiel ist zu Ende, wenn das erste Kind das Malblatt wieder in den Händen hält.

Material

beidseitig bemaltes Blatt Papier

Zu schade für die Tonne

Die Kinder sitzen im Stuhlkreis und machen gemeinsam das folgende Fingerspiel:

Vor dem Einkaufen überlege ich, was ich brauchen kann.
Ich schaue nach, was ich schon habe, so fange ich an.
(eine Hand waagrecht an die Stirn halten und sich umschauen)
Auf das Verfallsdatum von Lebensmitteln achte ich.
Muss ich Sachen wegwerfen, dann ärgert das mich.
(auf sich selbst deuten)
Überreifes Obst und Gemüse bieten sich für Smoothies an.
Eine Suppe kann ich auch daraus kochen, die mir gut schmecken kann.
(pantomimisch die Suppe im Kochtopf umrühren)
Obst- und Gemüsereste kommen auf dem Kompost dann.
Sie bilden gute Humuserde. Schaut es euch an!
(mit den Händen eine Schale bilden)
Wir alle können nämlich etwas tun, um Müll zu vermeiden.

Mit Lebensmitteln sorgsam umzugehen, können wir gut leiden!
(den Daumen hochheben)

Wiederverwendbar

Die Kinder sitzen an einem Tisch, auf den die Spielleitung wiederverwendbare Gegenstände (z. B. eine Brotdose, Thermoskanne, Stofftasche und kleine Schultafel sowie ein Stofftaschentuch) legt. Dann breitet sie darüber ein blickdichtes Tuch aus und holt sich die nur einmal nutzbaren Pendants zu diesen Gegenständen (Butterbrotpapier, Tetra Pak, Papiertüte, Blatt Papier, Papiertaschentücher).
Eines von den Kindern greift nun unter das Tuch, um einen Gegenstand abzutasten, und versucht zu erraten, was es ist. Zur Kontrolle holt es den Gegenstand dann hervor. Die Spielleitung zeigt nun das Wegwerf-Pendant her, also z. B. zur Brotdose das Butterbrotpapier, und diskutiert mit den Kindern, warum die Brotdose besser für die Umwelt ist. Wurden genügend Gründe gefunden, kommt ein anderes Kind auf dieselbe Weise dran. Das Spiel ist beendet, wenn alle Mehrweg-Gegenstände wieder offen daliegen.

Material

blickdichtes Tuch, mehrfach verwendbare Gegenstände und deren Wegwerf-Pendants

Wem geht ein Licht auf?

Während die Kinder zusammen im Kreis sitzen, sagt die Spielleitung Folgendes:

> *Muss man wirklich immer das neueste Handy, Spielzeug oder Kleidungsstück haben? Das möchte ich euch jetzt fragen!*

Die Kinder werden die Frage in der Regel verneinen. Falls nicht, dann wird darüber diskutiert. Aber auch in ersterem Fall sollte die Spielleitung auf den Umwelt- und Klimaschutz hinweisen. Dann erhält eines der Kinder eine LED-Kerze und die Spielleitung fragt:

> *Was kann man sehr lange benutzen? Wer kann mir weiterhelfen?*

Das Kind tritt nun mit der eingeschalteten Kerze in die Kreismitte und benennt etwas, das man nicht so schnell austauschen muss (z. B. Laptop, MP3-Player, Roller, Fahrrad, T-Shirt etc.). Danach übergibt es das Licht einem anderen Kind, mit dem es den Platz tauscht. Das Spiel ist zu Ende, wenn sich alle Kinder, die dies gerne möchten, in der Kreismitte dazu äußern konnten.

Material

LED-Kerze

Spiele für den Schutz der natürlichen Ressourcen

Spielsachen tauschen

Jedes Kind holt sich ein Buch oder ein kleines Spielzeug. Dann verteilen sich alle im Raum. Die Spielleitung erklärt den Kindern, dass man Bücher und Spielzeug kaufen, jedoch auch ausleihen oder tauschen kann. Das schont nicht nur den Geldbeutel, sondern auch unsere natürlichen Ressourcen. Dann gehen alle zum Rhythmus der Musik im Raum herum. Stoppt die Musik, tauschen sie untereinander ihre Bücher oder Spielzeuge so oft sie wollen. Das geht so lange, bis die Musik wieder einsetzt. Danach bewegen sich wieder alle kreuz und quer im Raum herum, bis die Musik erneut stoppt, usw. Am Ende bilden die Kinder einen Kreis und tauschen sich darüber aus, was sie mit wem schon einmal getauscht haben.

Material

pro Kind ein Buch oder ein kleines Spielzeug, CD- oder MP3-Player mit Tanzmusik

Wohin damit?

Die Kinder sitzen zusammen am Tisch, auf den die Spielleitung einen Wäschekorb mit ein paar Kleidungsstücken stellt. Eines der Kinder sucht sich davon etwas aus, was ihm nicht gefällt. Es möchte nun von den anderen wissen, was es mit diesem ungeliebten Kleidungsstück machen kann (z. B. verschenken, zum Altkleidercontainer bringen, einem Secondhandladen anbieten, durch Applikationen aufpeppen, gegen ein anderes Kleidungsstück tauschen, im Internet oder auf dem Flohmarkt verkaufen). Danach fischt sich ein anderes Kind ein für es unpassendes Kleidungsstück aus dem Wäschekorb usw. Je öfter die Kinder das Spiel wiederholen, desto mehr wird ihnen bewusst, wie man Kleidung nachhaltig nutzen kann.

Material

Wäschekorb, fünf bis sechs verschiedene Kleidungsstücke

Nachhaltig denken

Die Kinder sitzen im Kreis, in dessen Mitte die Spielleitung einen Korb mit den unten genannten Sachen stellt. Eines der Kinder geht in die Kreismitte, holt sich aus dem Korb z. B. ein T-Shirt und sagt:

Es müssen nicht so viele Kleidungsstücke sein.
Wem fällt dazu sofort etwas Bestimmtes ein?

Dann übergibt es das T-Shirt einem anderen Kind und setzt sich wieder auf seinen Platz. Das ausgewählte Kind nennt nun ein Kleidungsstück (z. B. Hemd, Hose, Rock, Kleid etc.), das es mehrfach in seinem Kleiderschrank hat, übergibt das T-Shirt mit der obigen Frage einem dritten Kind usw. Wenn auf diese Weise alle, die gerne möchten, zu Wort gekommen sind, holt ein anderes Kind z. B. ein Spielzeugauto aus dem Korb und sagt dazu:

Es müssen nicht so viele Spielsachen sein.
Wem fällt dazu sofort etwas Bestimmtes ein?

Jetzt wird wie oben weitergespielt, nur eben mit dem Thema Spielzeug. Das Spiel ist beendet, sobald der Korb leer ist.

Ziel ist es, den Kindern bewusst zu machen, dass man nicht alles mehrfach besitzen muss. Das spart Ressourcen und ist gut fürs Klima.

Material

Korb, gefüllt z.B. mit einem Kleidungsstück, einem Spielzeug, einem Nahrungsmittel, ein Paar Schuhen

Ist billig immer gut?

Die Kinder sitzen zusammen am Tisch, auf den die Spielleitung einen Globus stellt oder dort eine Weltkarte ausbreitet. Eines von den Kindern soll nun alleine oder mithilfe der anderen auf dem Globus oder der Weltkarte Deutschland finden. Danach erzählt die Spielleitung, dass viele Textilfirmen ihre Kleidung dort herstellen lassen, wo es am billigsten ist, z. B. in China. Nun darf sich ein weiteres Kind auf die Suche nach China machen. Konnte es alleine oder mithilfe der anderen die Aufgabe erfüllen, wird das Spiel mit anderen Billiglohnländern (z. B. Indien, Vietnam oder Bangladesch) fortgesetzt.
Die Spielleitung erzählt den Kindern, dass die Menschen, die in diesen Ländern unsere Kleidung herstellen, häufig ausgebeutet werden. Hinzu kommt, dass die Kleidung auf ihrem Weg bis zu uns in den Laden auch eine lange Reise machen muss und daher einen gigantischen ökologischen Fußabdruck hinterlässt. Und worin liegt der Vorteil eines kurzen Lieferwegs? Die Kinder äußern sich der Reihe nach im Uhrzeigersinn dazu (Antworten: Das erspart Zeit und Kosten, erfordert weniger Containerschiffe, Flugzeuge und Lkws auf den Straßen, was gut fürs Klima ist).

Material

Globus oder Weltkarte

Nachhaltig versteigern

Jedes Kind sucht sich ein Spielzeug, das seiner Meinung nach entbehrt werden kann oder nicht mehr gebraucht wird. Diese Sachen werden auf einen Tisch gelegt, vor den sich alle bis auf ein Kind stellen. Das verbleibende Kind spielt nun den Auktionator bzw. die Auktionatorin, sucht sich eines der Spielzeuge aus und versteigert es, wobei alle anderen die Bieterinnen oder Bieter sind. Dasjenige Kind, das den Zuschlag erhält, bekommt das Spielzeug und tauscht mit dem Auktionator bzw. der Auktionatorin den Platz und die Rolle, sodass eine neue Spielrunde beginnen kann.
Im Anschluss an das Spiel macht die Spielleitung den Kindern bewusst, dass Sachen auch versteigert und somit weitergegeben werden können anstatt im Müll zu landen.

Material

verschiedene Spielsachen, evtl. Hämmerchen

Reparieren bringts!

Die Kinder verteilen sich im Raum. Eines der Kinder erhält einen Schraubenschlüssel. Dann bewegen sich alle zum Rhythmus der Musik im Raum herum. Immer wenn dem Kind mit dem Schraubenschlüssel ein anderes Kind begegnet, darf es ihm diesen übergeben. Das geht immer so weiter, bis die Musik stoppt. Dasjenige Kind, das dann gerade den Schraubenschlüssel in den Händen hält, darf nun etwas benennen, das kaputtgehen, jedoch auch wieder repariert werden kann und daher nicht zwangsläufig entsorgt werden muss (z.B. Fahrrad, Fernseher, Kühlschrank, Geschirrspülmaschine, Spielzeug etc.). Im Anschluss daran startet die Musik wieder und das Spiel beginnt von vorne.

Material

Schraubenschlüssel, CD- oder MP3-Player

Aus Alt mach Neu

Die Kinder stellen ihre Stühle so im Kreis auf, dass die Stuhllehnen in Richtung Innenkreis zeigen. Dann knien sie sich im Außenkreis direkt vor ihre Stühle und führen zum unten stehenden Text die folgenden Bewegungen durch:

Kann man aus unbrauchbaren Dingen etwas Neues machen?
(sich am Kopf kratzen)
Durch Reparieren entstehen wieder völlig brauchbare Sachen!
(mit der Hand kreisförmig über die Sitzfläche streichen)
Alte Sachen wiederverwenden, das spart Rohstoffe und viel Geld.
(den Daumen am Zeige- und Mittelfinger reiben (Geste für Geld))
Kreative Ideen sind dabei gefragt und erfreuen die ganze Welt.
(mithilfe des Stuhls ein Geräusch machen, z. B. mit der Hand auf die Sitzfläche patschen)
Aus Alt mach Neu ist nachhaltiger, als ein Produkt wegzugeben.

(den Stuhl hochheben und dann wieder auf den Boden abstellen)

Denn alles, was der Umwelt hilft, ist für uns ein großer Segen!

(klatschen und dann den Daumen hochhalten)

Kunstvolle Stühle

Die Kinder bilden zwei bis drei gleich große Gruppen. Die Spielleitung erklärt nun, dass man alte Möbel z. B. mit einem neuen Anstrich versehen, tapezieren oder mit kleinen Objekten bekleben und so wunderbar aufpeppen kann. Dann lädt sie die einzelnen Gruppen dazu ein, jeweils einen alten Stuhl kreativ zu gestalten. Dafür werden z. B. Acrylfarben, Pinsel, Tapetenkleister, Stoff- und Tapetenreste zur Verfügung gestellt. Sobald jede Gruppe fertig ist, setzen sich alle in den Stuhlkreis, um das, was sie geschaffen haben, zu bewundern.

Material

pro Gruppe ein alter Stuhl, alte Zeitungen als Unterlage, Mal- und Bastelmaterialien (wie Pinsel, Acrylfarben, Tapetenkleister, Stoff- und Tapetenreste)

Wir achten auf Qualität

Jedes Kind holt sich ein Spielzeug, das gut verarbeitet und aus hochwertigem Material ist. Danach bilden alle bis auf ein Kind einen Stuhlkreis. Das verbliebene Kind stellt sich in die Kreismitte und teilt den anderen mit, weshalb sein Spielzeug besser ist als Billigkram-Spielsachen (z. B. bessere Optik und Spielfreude, Herstellung aus nachhaltigen, langlebigen Rohstoffen wie z. B. Holz). Konnte das Kind von der Qualität seines Spielzeugs überzeugen, tauscht es mit einem anderen den Platz, das dann seinerseits sein Spielzeug präsentieren darf, usw. Dabei kann auch auf Gütesiegel, wie z. B. „spiel gut“, und damit auf die Spielzeugsicherheit hingewiesen werden.

Material

pro Kind ein qualitativ hochwertiges Spielzeug

Fahrradreparatur

Die Kinder bilden einen Stuhlkreis, in dessen Mitte die Spielleitung ein Fahrrad platziert. Sie möchte nun von den Kindern wissen, was so alles am Fahrrad kaputtgehen kann. Die Kinder, die sich dazu äußern möchten, gehen zum Fahrrad, um den anderen zu zeigen, was daran kaputtgehen, aber auch wieder repariert werden kann (z. B. Beleuchtung, Reifen, Kette, Schaltung etc.).
Im Anschluss daran macht die Spielleitung den Kindern bewusst, dass in den allermeisten Fällen nicht gleich das komplette Fahrrad durch ein neues ersetzt werden muss. Bestimmt fallen den Kindern auch noch andere Fortbewegungsmittel ein (z. B. Auto, Traktor, Lastwagen usw.), die in der Regel ebenfalls repariert werden können. Dies schont nicht nur Ressourcen, sondern auch den Geldbeutel.

Material

Fahrrad

Spiele rund um Lebensmittel und Nachhaltigkeit

Frisches aus der Region

Die Spielleitung bemalt oder beklebt 12 bis 15 Kärtchen mit Obst- oder Gemüsesorten, die bei uns nur in bestimmten Monaten wachsen, und solchen, die aus fernen Ländern importiert werden. Diese Kärtchen werden verdeckt auf einem Tisch platziert. Dann setzen sich die Kinder an den Tisch und eines dreht ein beliebiges Kärtchen um, auf dem z. B. eine Erdbeere abgebildet ist. Das Kind benennt die Obstsorte und sagt, ob und auch wann Erdbeeren bei uns wachsen. Sind sich alle darüber einig, dass Erdbeeren bei uns nur im Sommer wachsen, dann ist die linke Sitznachbarin bzw. der linke Sitznachbar an der Reihe, ein weiteres Kärtchen umzudrehen. Das Spiel endet, wenn alle Kärtchen offen daliegen.
Im Anschluss macht die Spielleitung die Kinder darauf aufmerksam, dass – im Gegensatz zu dem oft ganzjährig erhältlichen Obst und Gemüse aus fernen Ländern – für saisonale Lebensmittel aus unserer Region keine langen Transportwege nötig sind. Dies verringert den CO_2-Ausstoß und schont Umwelt und Klima.

- Regionale Obst- und Gemüsesorten: Äpfel, Birnen, Pflaumen, Karotten, Kartoffeln, Blumenkohl, Zwiebeln etc.

- Importierte Obst- und Gemüsesorten: Bananen, Orangen, Kiwis, Mangos, Avocados, Manioks, Okras etc.

Material

12 bis 15 vorbereitete bemalte oder mit Bildern beklebte Kärtchen

Regionales à la Saison

Die Kinder sitzen zusammen im Stuhlkreis und führen das folgende Fingerspiel durch:

Aus unserer Region gibt es viele leckere Sachen,
die frisch sind, uns gesund und glücklich machen.
(die Fäuste ballen und dann, ausgehend vom Daumen, der Reihe nach alle zehn Finger wieder ausstrecken)
Lange Transportwege müssen wirklich nicht sein.
Hierzu fällt mir der Umwelt- und Klimaschutz ein.
(mit den Fingern ein Herz andeuten)
Auch die Bauern können dann gut vom Ertrag leben.
Frisches aus der Region ist ein großer Segen eben.
(den Daumen hochhalten)
Darum kauft lieber Regionales à la Saison ein.
Was gibt es hierzulande? Wem fällt etwas ein?
(nacheinander auf die anderen Kinder im Kreis deuten)

Im Anschluss daran dürfen die Kinder gemeinsam diese Frage nach regionalen Obst- und Gemüsesorten beantworten.

Ohne Fleisch gehts auch

Die Kinder sitzen im Stuhlkreis und die Spielleitung sagt zu ihnen:

Wurst, Fleisch, Käse und Fisch
sollten nicht zu oft auf den Tisch.
Weshalb? Wieso? Warum?
Die Fünf, die sind nicht dumm.

Danach führen alle das folgende Spiel durch:

Der Erste sagt: „Tiere brauchen Platz und wollen viel fressen!".

(beide Arme weit zur Seite hin ausstrecken)

Der Zweite sagt: „Auch die Produktion dabei nicht vergessen!"

(mit einer Hand auf die Handfläche der anderen Hand patschen)

Der Dritte sagt: „Lange Transporte sind nicht gut fürs Klima!"

(mit dem Zeige- und Mittelfinger auf dem Oberschenkel spazieren gehen)

Der Vierte sagt: „Vegetarisches Essen schmeckt auch prima!"

(sich den Bauch reiben)

Der Fünfte sagt: „Es gibt so viele pflanzliche Sachen, die gesund sind und fröhlich machen!"
(den Daumen hochhalten)

Danach dürfen die Kinder nacheinander im Uhrzeigersinn jeweils ein pflanzliches Nahrungsmittel, wie z. B. Brot, Äpfel oder Karotten, benennen.

Erntedank

Die Spielleitung platziert auf einem Tisch einen Korb mit verschiedenen regionalen Obst- und Gemüsesorten, die zum Erntedankfest passen (z. B. Äpfel, Birnen, Weintrauben, Karotten, Gurken, Tomaten etc.). Die Kinder betrachten alles genau, bevor die Spielleitung ein blickdichtes Tuch über den Korb stülpt. Wissen die Kinder noch, welche Obst- und Gemüseorten sich im Korb befinden? Zur Kontrolle entfernt die Spielleitung das Tuch wieder, bevor alle zusammen das Obst und Gemüse genüsslich verspeisen. Dazu erklärt die Spielleitung, dass das Erntedankfest uns bewusst macht, auf wie viele regionale Produkte wir zurückgreifen können. Dann wird darüber gesprochen, dass regionale Produkte wegen der kurzen Transportwege und der weniger energieaufwendigen Lagerung auch gut für das Klima sind.

Material

Korb, regionales und saisonales Obst und Gemüse, blickdichtes Tuch

Umweltbewusst einkaufen

Die Kinder verteilen sich auf einem überschaubaren Spielfeld. Eines von ihnen erhält einen Einkaufskorb und geht zu einem anderen, von ihm ausgewählten Kind. Dann gibt es diesem Kind einen Tipp, der sich auf das nachhaltige Einkaufen z.B. im Supermarkt bezieht (z.B. Einkaufskorb statt Papiertüte verwenden, Mehrweg- statt Einwegflaschen wählen, saisonale Produkte ohne Plastikverpackung kaufen etc.). Schließlich übergibt es diesem Kind den Einkaufskorb, das nun seinerseits einer anderen Mitspielerin oder einem anderen Mitspieler auf die gleiche Weise das nachhaltige Einkaufen nahebringt. Das Spiel endet, wenn alle Kinder einmal den Korb halten konnten.

Material

Einkaufskorb

Essen und Klima

Die Spielleitung schreibt auf ca. 15 bis 20 Karten jeweils eine Frage zum Thema „nachhaltiges Einkaufen von Lebensmitteln", die mit Ja oder Nein beantwortet werden kann (Beispiele hierfür sind: Sollte man Obst und Gemüse in der Zeit kaufen, wo es auch bei uns wächst? ... immer mit dem Auto zum Einkaufen fahren? ... seinen eigenen Einkaufskorb mitnehmen? ... Lebensmittel immer verpackt kaufen? ... Lebensmittelreste sinnvoll verwerten? usw.). Dann setzen sich die Kinder um einen Tisch, auf dem die Spielleitung die Karten verdeckt auslegt. Ein Kind beginnt, dreht eine Karte um und liest allen die daraufstehende Frage vor. Wer als Erste bzw. Erster die richtige Antwort weiß, darf die Karte behalten und die nächste umdrehen. Das Spiel endet, wenn alle Karten auf diese Weise verteilt wurden. Siegerin oder Sieger ist, wer dann die größte Anzahl an Karten hat.

Material

15 bis 20 vorbereitete Karten

Regional genießen

Die Kinder bilden Zweiergruppen und setzen sich mit den anderen an einen großen Tisch. Danach sagt die Spielleitung z. B.:

Regional essen und trinken finde ich gut!
Es beginnt mit „A". Ratet einfach, nur Mut!

Dasjenige Paar, das als Erstes etwas Passendes, wie z. B. Apfel oder Apfelsaft, benennen kann, erhält einen Kieselstein. Danach folgt die nächste Spielrunde, bei der die Spielleitung mithilfe des Spruchs einen neuen Buchstaben benennt. Sollte es sich dabei um einen Konsonanten handeln, dann sagt sie, wenn jüngere Kinder mitspielen, z. B. nicht „De", sondern „D". Gewinner ist dasjenige Paar, das nach ein paar Spielrunden die meisten Kieselsteine ergattern konnte.

Material

10 bis 15 Kieselsteine

Maßvoll einkaufen

Die Spielleitung liest die folgenden Verse vor und die Kinder führen die dazugehörigen Bewegungen aus:

Warum ist weniger oft mehr?
(erst beide Daumen, dann alle zehn Finger ausstrecken)
Hier ist die Antwort, bitte sehr:
(einen Daumen hochhalten)
Maßvoll einkaufen finde ich top und sehr gut.
Essen im Müll? Da krieg ich eine große Wut!
(erst auf sich selbst deuten und dann die Hand zur Faust ballen)
Es gibt viele hungrige Menschen auf der Welt.
(alle zehn Finger in der Luft zappeln lassen)
Landet viel zu viel im Müll, kostet das auch Geld.
(den Daumen am Zeige- und Mittelfinger reiben (Geste für Geld))
Zu viele Treibhausgase sind einfach schlecht fürs Klima.
Weniger tierische Produkte essen finde ich deshalb prima.
(den Daumen hochhalten)
Und wenn ich trotzdem nicht alles essen kann.
Was soll ich bloß tun? Sag, was mach ich dann?

(erst auf sich selbst und dann auf eines der anderen Kinder zeigen)

Im Anschluss überlegen die Kinder, was sie mit Essensresten tun können (z. B. abgedeckt oder gut verpackt im Kühlschrank aufbewahren oder Gekochtes einfrieren).

Klimaschonend essen

Die Kinder sitzen zusammen im Stuhlkreis. Eines von ihnen betritt die Kreismitte. Die Spielleitung flüstert ihm eine Obst- oder Gemüsesorte ins Ohr, die hierzulande wächst und somit keinen langen Transportweg bis in den Supermarkt zurückgelegt hat. Das Kind darf nun dieses Nahrungsmittel beschreiben und dabei auch die Körpersprache benutzen. Dasjenige Kind, das als Erstes die Antwort weiß, tauscht mit dem in der Kreismitte den Platz, bekommt von der Spielleitung etwas Neues ins Ohr geflüstert usw.
Ziel des Spiels ist es, dass die Kinder sich regionale Produkte gerade auch im Hinblick auf den Klimaschutz vergegenwärtigen.

Erdbeeren mal anders

Die Kinder sitzen zusammen im Stuhlkreis und überlegen, was man alles aus regionalen Früchten, wie z. B. Erdbeeren, machen kann. Eines der Kinder erhält von der Spielleitung ein Glas Erdbeermarmelade und benennt etwas, was man aus Erdbeeren noch herstellen kann (z. B. Erdbeerkuchen, Erdbeereis, Erdbeerchips, Erdbeersirup, Erdbeershake). Dann übergibt es das Marmeladenglas einem anderen Kind, das sich ebenfalls dazu äußern möchte. Erst wenn alle Kinder, die gerne möchten, zu Wort gekommen sind, fängt eine neue Spielrunde an, z. B. mit einem Glas Himbeermarmelade.
Ziel ist es, die Kinder auf klimafreundliche regionale und saisonale Produkte aufmerksam zu machen.

Material

je ein Glas Marmelade aus verschiedenen regionalen Fruchtsorten

Spiele zur Verkehrswende

Verkehrswende – aber wie?

Die Kinder sitzen im Stuhlkreis und führen das folgende Spiel durch:

Der Straßenverkehr treibt den Klimawandel voran.
Es fängt allein schon bei der Luftverschmutzung an.
(sich die Nase kurz zuhalten)
Lärm und Stress gefährden uns außerdem sehr.
Autos, Lkw & Co. werden zunehmend mehr.
(die Fäuste ballen und, ausgehend von den Daumen, rasch die einzelnen Finger wieder ausstrecken)
Wir alle sind mit dem Umdenken und Handeln dran.
Verkehrswende ist wichtig – aber wie fängt man sie bloß an?
(sich mit dem Zeigefinger auf die Stirn tippen)

Danach erklärt die Spielleitung, dass wir dort, wo es geht, umweltfreundliche Verkehrsmittel nutzen sollten. Wer weiß, welche das sein können (z. B. Roller, Fahrrad, Bus, Bahn)? Zum Schluss macht die Spielleitung den Kindern auch noch bewusst, dass wir, falls möglich, auch zu Fuß z. B. zum Bäcker gehen sollten.

Klimaneutral unterwegs

Die Kinder verteilen sich im Raum. Danach führen sie die Bewegungen zum folgenden Text durch, den die Spielleitung vorliest:

Zu Fuß gehen ist ganz schön krass.
Es hält fit, das ist doch was!
(vergnügt im Raum herumgehen)
Zu Fuß triffst du auch viele Leute!
Hallo zu sagen macht viel Freude.
(immer wenn sich zwei Kinder begegnen, bleiben sie kurz voreinander stehen, um sich gegenseitig per Handschlag zu begrüßen)
Zu Fuß gehe ich in den Wald hinein
und atme dabei die frische Luft ein.
(weiter kreuz und quer im Raum herumgehen)
Zu Fuß gehen kostet überhaupt kein Geld.
Zu Fuß erkundet man in aller Ruhe die Welt.
(hin und wieder stehen bleiben und sich umschauen)
Klimaneutral unterwegs sein, das finde ich gut.
Machst auch du mit, zieh ich vor dir meinen Hut.
(immer wenn sich zwei Kinder begegnen, bleiben sie kurz voreinander stehen und ziehen pantomimisch ihren Hut)

Bewegung tut gut

Die Kinder bilden einen Kreis und überlegen gemeinsam, warum tägliche körperliche Bewegung gut für uns ist (steigert z.B. Wohlbefinden und Fitness, beugt Krankheiten vor, macht den Kopf frei etc.). Danach erklärt die Spielleitung, dass die körperliche, nicht motorisierte Fortbewegung (zu Fuß, mit dem Fahrrad usw.) außerdem auch klimaneutral ist.
Im Folgenden sollen die Kinder erfahren, dass Bewegung auch jede Menge Spaß machen kann: Zum Rhythmus der Musik darf ein Kind eine lustige Tanzbewegung vormachen. Alle anderen machen so lange mit, bis die Musik stoppt. Wer jetzt am schnellsten in seiner Bewegung „einfriert“, darf in der nächsten Spielrunde eine weitere spaßige Tanzbewegung vorgeben.

Material

CD- oder MP3-Player

Fahrradfahren ist top!

Alle sitzen zusammen in einem großzügigen Kreis auf dem Boden und überlegen, welche Vorteile das Fahrradfahren hat. Ein Kind beginnt und sagt z. B.:

Fahrradfahren verursacht keinen Feinstaub!

Daraufhin beginnen alle, sich nach hinten mit den Armen abzustützen und mit den Beinen in der Luft „Fahrrad zu fahren“. Das geht so lange, bis die Spielleitung sagt:

Fahrradfahren ist prima.
Es schützt unser Klima!

Nun darf dasjenige Kind, das links neben dem ersten Kind sitzt, einen weiteren positiven Aspekt des Fahrradfahrens nennen (ist klimaneutral, hilft gegen Bewegungsmangel, hält fit und gesund etc.) , die anderen fahren wieder so lange in der Luft Fahrrad, bis die Spielleitung den obigen Spruch sagt, usw. Das Spiel ist zu Ende, wenn das erste Kind wieder an die Reihe kommt.

Klimaneutral denken

Alle sitzen zusammen am Tisch. Die Spielleitung holt sich ein Püppchen, das klimaschonend von einem Ort zum anderen gelangen möchte. Dann sagt sie z. B.:

Klima- und umweltfreundlich soll es sein.
Da fällt mir sofort das Fahrradfahren ein!

Daraufhin reicht sie das Püppchen dem Kind links neben ihr. Das betreffende Kind führt das Spiel auf die gleiche Weise, aber mit einer anderen klimaschonenden Fortbewegungsart (z. B. zu Fuß gehen, E-Scooter, E-Roller, E-Bus, Bahn, Fahrgemeinschaft etc.) weiter, indem es z. B. sagt:

Klima- und umweltfreundlich soll es sein.
Da fällt mir sofort das Zufußgehen ein!

Danach übergibt es das Püppchen dem nächsten Kind am Tisch usw. Das Spiel ist zu Ende, wenn die Spielleitung das Püppchen wieder in den Händen hält.

Material

Püppchen

Fahrgemeinschaft

Die Kinder verteilen sich im Raum. Dann holt sich die Spielleitung eine Handtrommel und sagt:

Der Umwelt zuliebe soll es eine Fahrgemeinschaft sein.
In jedes Fahrzeug steigen sofort vier Fahrgäste ein!

Daraufhin bilden die Kinder Vierer-„Fahrgemeinschaften“, d. h., immer vier Kinder stellen sich hintereinander auf und fassen sich an die Schultern. Zum Rhythmus der Trommel laufen diese „Fahrgemeinschaften“ im Raum herum, bis die Spielleitung mit dem Trommeln aufhört. Die Kinder lassen sich nun los und verteilen sich wieder im Raum. Eine neue Spielrunde beginnt, indem die Spielleitung den Spruch wiederholt, dabei eine Zahl von 2 bis 6 nennt und die entsprechenden „Fahrgemeinschaften“ gebildet werden.

Material

Handtrommel

Ein Fahrrad mieten

Alle Kinder bilden einen großzügigen Kreis. Die Spielleitung möchte von ihnen wissen, ob man ein Fahrrad unbedingt kaufen muss oder auch einfach ausleihen kann. Sind die Kinder sich darüber einig, dass es immer mehr Bikesharing-Angebote gibt, dann erhält eines von ihnen ein Pedalo und sagt z. B.:

> *Bei einem Leihfahrrad muss ich mich nicht um die regelmäßige Wartung kümmern!*

Daraufhin fährt es mit dem Pedalo in Richtung eines anderen Kindes, um mit diesem den Platz und die Rolle zu tauschen. Das ausgewählte Kind überlegt sich einen weiteren Vorteil des Leihfahrrads (spart Ressourcen, muss nicht selbst angeschafft werden, ist gut für Umwelt und Klima, erzeugt keine Reparaturkosten etc.), fährt in Richtung eines dritten Kindes usw. Das Spiel ist zu Ende, wenn sich alle dazu äußern konnten.

Material

Pedalo

Autoverkehr und Umwelt

Die Kinder sitzen zusammen am Tisch, auf dem die Spielleitung ein Spielzeugauto platziert. Eines der Kinder nimmt sich das Auto und überlegt, warum der Autoverkehr schädlich für die Umwelt und das Klima ist (z. B. aufgrund von Lärm, Feinstaub, Stickstoffdioxiden, dem Treibhausgas CO_2, der Bodenversiegelung durch die Straßen etc.). Während das Kind das Spielzeugauto in Richtung eines andern Kindes schubst, sagt es z. B.:

Viel befahrene Straßen verursachen eine Menge Lärm!

Dasjenige Kind, das nun das Spielzeugauto in den Händen hält, schubst es zu einer weiteren Mitspielerin bzw. einem weiteren Mitspieler hin und sagt z. B.:

Durch betonierte oder asphaltierte Straßen kann es zu Überschwemmungen kommen!

Das Spiel endet, wenn alle Kinder auf diese Weise zu Wort gekommen sind.

Material

Spielzeugauto

Wandern und Rad fahren

Die Kinder stehen vor ihren Stühlen im Kreis und überlegen, wie man möglichst klimaneutral Urlaub machen kann. Dann geht eines von ihnen auf eine Mitspielerin oder einen Mitspieler zu und sagt z. B.:

Ich wandere in den Bergen!

Danach tauschen die beiden ihre Plätze. Während das erste Kind sich auf den Stuhl setzt, geht das zweite auf ein weiteres Kind zu und sagt dabei z. B.:

Ich fahre mit dem Fahrrad an den See!

Auf diese Weise gehts immer weiter, bis alle im Stuhlkreis sitzen.
Im Anschluss daran macht die Spielleitung den Kindern bewusst, dass man nicht zwangsläufig mit dem Auto oder dem Flugzeug verreisen muss. Vielmehr sollte man auf solche Fortbewegungsmittel zurückgreifen, die möglichst wenig oder im Idealfall gar kein CO_2 ausstoßen.

Das ist gut fürs Klima

Die Kinder bilden einen Stuhlkreis. Gemeinsam überlegen sie, wie sie von A nach B kommen und dabei auch einen Beitrag zur Verkehrswende leisten können. Eines von den Kindern fängt an und sagt z. B.:

Ich gehe zu Fuß in den Sportverein!

Die übrigen Kinder entscheiden nun, ob das gut fürs Klima ist oder nicht. Falls ja, sagen sie im Chor:

Das ist gut fürs Klima,
wir finden das prima!

Dabei heben alle einen Daumen hoch. Im Anschluss daran setzt das Kind, das links neben dem eben genannten sitzt, das Spiel fort und sagt z. B.:

Ich fahre mit dem Fahrrad zum Bäcker!

Sind sich alle auch hier wieder einig, dass das gut fürs Klima ist, folgt erneut der oben stehende Spruch und der erhobene Daumen. Das Spiel ist zu Ende, wenn das erste Kind in der Runde wieder an der Reihe ist.

Don Bosco MiniSpielothek

Klein, fein, alles drin

ISBN 978-3-7698-2555-8

ISBN 978-3-7698-2556-5

ISBN 978-3-7698-2545-9

ISBN 978-3-7698-2546-6

ISBN 978-3-7698-2539-8

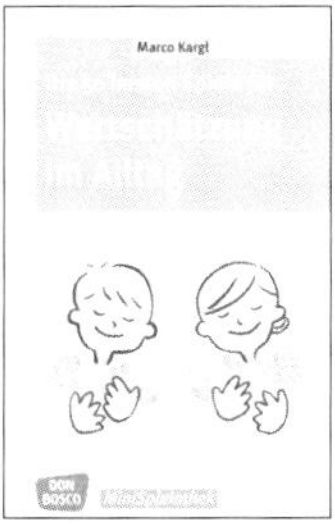

ISBN 978-3-7698-2540-4

ISBN 978-3-7698-2520-6

ISBN 978-3-7698-2521-3

ISBN 978-3-7698-2509-1

ISBN 978-3-7698-2510-7

ISBN 978-3-7698-2503-9

ISBN 978-3-7698-2498-8

ISBN 978-3-7698-2497-1

ISBN 978-3-7698-2466-7

ISBN 978-3-7698-2465-0

ISBN 978-3-7698-2449-0

ISBN 978-3-7698-2450-6

ISBN 978-3-7698-2397-4